Option auf Leben

www.wonneworte.com

MIX
Papier aus verantwortungsvollen Quellen
Paper from responsible sources
FSC® C105338

Viola Eigenbrodt

Option auf Leben

Südtiroler Frauenkarriere im zweiten Weltkrieg

Bibliografische Information der Deutschen Nationalbibliothek. Die Deutsche Nationalbibliothek verzeichnet diese Publikation in der Deutschen Nationalbibliografie; detaillierte bibliografische Daten sind im Internet über http://dnb.d-nb.de abrufbar.

 Buchreihe Wonneworte Verlag Social Softwork ISBN 978-3-906015-11-8.
Die Homepage der Buchreihe findet sich unter www.wonneworte.com Umschlagfoto: Günther Dürr Herstellung: Social Softwork GmbH www.social-softwork.com und ebuch.me. Fotos von Touriseum Meran, Patti Armanini, Volkskunde Museum Dietenheim

Über dieses Buch:

Anna-Maria wird in einer eisigen Winternacht hoch oben auf dem Berg während einer schwierigen Geburt geboren. Hinein in ein Leben, das ihr viele Jahre hauptsächlich Entbehrungen, Armut und schreckliches Leid zufügte - und das sie dennoch standhaft meisterte.

Hier wird die Geschichte einer tapferen Frau erzählt, dergleich mehrfach ein schweres Schicksal widerfährt vor dem spannenden Hintergrund eines kleinen Landes, dem plötzlich und völlig gegen seinen Willen eine andere Sprache und Kultur aufgezwungen wurde.

Ein Leben unmittelbar nach Verwandlung des südwestlichen Teil Österreichs in die nördlichste Provinz Italiens, in den Grauen des 2. Weltkrieges bis in die ersten Nachkriegsjahre.

Ein echtes Zeitzeugnis, unmittelbar, mitnehmend und faszinierend.

Die Geschichte – wird auf Wunsch der Familie – bis zu ihrer Hochzeit 1949 erzählt.

Inhalt

Vorwort

Mancher mag sich denken, wofür braucht man Lebensgeschichten von Leuten, die nie einer breiten Öffentlichkeit bekannt waren? Keine Politiker, Investoren oder Filmsternchen.

Biographien von ganz normalen Menschen geben dem Leser vor allem eines: Einblick in historische Momente von Zeitgenossen wie Du und ich. Die Geschichten geben uns eine Idee, wie man vielleicht gelebt hätte, wären wir nur wenige Jahrzehnte früher geboren worden.

Sie können uns bescheiden und dankbar dafür machen, dass wir den Vorteil der späten Geburt haben. Viola Eigenbrodt, Journalistin, Autorin und Ghostwriter, beweist in dieser kurzen Biographie viel Einfühlungsvermögen in eine Story einer Dame, die sie selber nicht mehr weiter erzählen konnte.

Sandra Ravioli

ALLES
GOTT ZU EHREN
Gelobt sey Jesus Christus !
In Ewigkeit Amen.

Geburt

Geboren wurde Anna-Maria 1920 oben auf dem Berg, im schönen Pustertal als erstes von sieben Kindern.

Zwei Jahre waren seit dem ersten Weltkrieg vergangen in jener Nacht, als Jungbauer Hans für die zwanzigjährige Maria nach der Hebamme schickte. Und diese war die Großmutter der werdenden Mutter. Einen knappen Monat vor Weihnachten schneite es bereits, als Franz draußen anspannte und es war kalt. So kalt, dass die alte Dame, nachdem sie Platz genommen hatte, auf dem Wagen ziemlich fror. Zum Glück hatte Hans zusätzliche Decken mitgenommen, die sie nun fest um sich schlang. In Eile und Sorge trieb der nervöse Mann das Pferd an, während die Glöckchen am Geschirr beim Traben fröhlich durch den immer dichter fallenden Schnee klingelten. Am Hof angekommen, kümmerte sich die Hebamme, nachdem man sie erst einmal mit einem Stamperle Schnaps hatte „enteisen“ müssen, sogleich um ihre Enkelin, schaute, wie weit der Geburtsvorgang schon war.

Danach führte sie die Gebärende in das

Schlafzimmer der Eheleute, während die Schwiegermutter und Altbäuerin Theres ganz nach der Tradition eine frisch geschlachtete Henne zur Stärkung Marias zubereitete. Weil diese bereits eine Frühgeburt – das Kind war gestorben - hinter sich hatte, war die Anspannung in der Familie groß.

Eine lange und bange Zeit verging, bis Maria am nächsten Morgen, einem Sonntag, ein gesundes Mädchen zur Welt brachte. Alle freuten sich, und Großmutter wußte: dieses Kind würde im Leben Glück haben, denn es war ein Sonntagskind. Obwohl die Mutter sehr erschöpft war, wollte sie es sogleich sehen, und bekam es in die Arme gelegt. Sofort fing die Kleine an, ihr Stimmorgan zu trainieren und brüllte los! Auch dafür hatte die Hebamme den passenden Spruch: „Wenn ein Kind so schreit, wird es wohl einmal eine gute Sängerin werden!" Gleich am nächsten Tag fand die Taufe in der hiesigen Kirche statt, und man taufte die Erstgeborene nach ihrer Mutter Maria Anna-Maria. Auf dem Weg nach Hause fanden sich drei Rosenkränze am Boden, und auch hier wußte die Großmutter wieder Rat: „Für dieses Kind werden wir viel beten müssen" - diese Vorahnung sollte sich später bewahrheiten.

Eine Sängerin wurde das Mädchen nicht, aber sie hatte die Gabe des Glücks im Unglücks, die sie in den dunkelsten Stunden ihres ereignisreichen Lebens vor der tiefsten Verzweiflung bewahrte. Das Singen und die Liebe zur Musik blieb ihr in der Tat, beides gab ihr oft die dringend benötigte Kraft. Noch heute singt die alte Dame gerne.

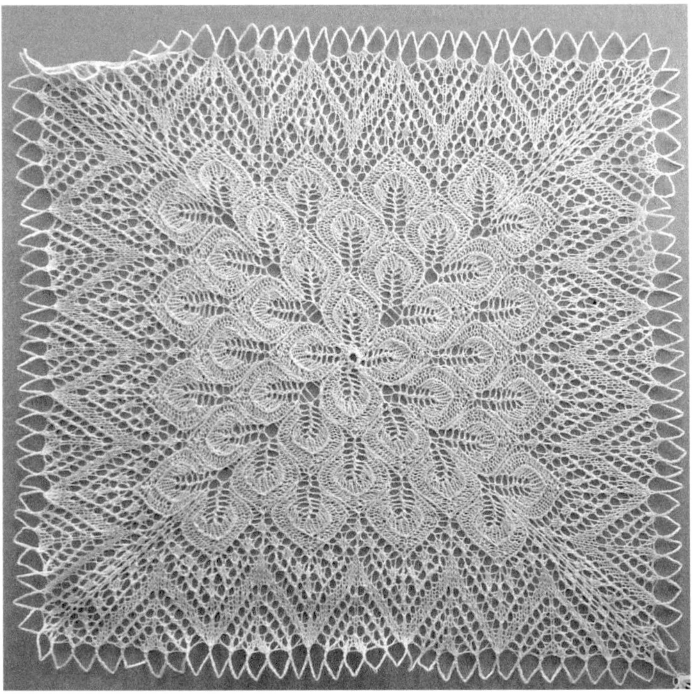

Das Mädchen

Es war eine lebendige Kindheit, denn auf dem Hof lebten außerdem noch die drei jüngeren Brüder und eine Schwester von Hans, seine drei älteren Schwestern hatten den Hof bereits verlassen.
Wie später in der nachkommenden Familie vermutet wurde, waren wohl auch Kinder früh gestorben, aber man redete über solche Dinge damals nicht.

Baby Anni war nicht besonders ruhig. Weil sie die Muttermilch nicht vertrug, bekam sie Bauchkrämpfe und weinte viel. So bestanden ihre Mahlzeiten aus dünnen Süppchen, einer Mischung aus einer Hälfte Ziegenmilch und der anderen Wasser. Hinein rührten die verzagten Eltern noch etwas Mehl, ein wenig Zucker und eine Prise Salz.
Ihre Mutter klagte: „Wenn ich abends den Kittel ausziehe, schreit das Kind“, und niemand wußte Rat.
Es mochte daran gelegen haben, dass sie als Wickelkind noch zu Fatschenkindern gehörte, eine Sitte, die uns heute geradezu grausam erscheint. Kleinstkinder wurden bis zu ihrem ersten Geburtstag komplett mit Mullbinden zugebunden, die Arme

dicht an den Körper in gestreckter Haltung. Man glaubte, die Kinder würden so gerade Gliedmaßen bekommen und juckende Hautausschläge vermieden werden. Kein Wunder, schrie sie so ausdauernd! Im Alter von einem Jahr sollte die Erstgeborene, die trotz „Diätkost“ gut zugelegt hatte, fotografiert werden. Hans organisierte stolz eine Kutsche und fuhr damit zu einem Fotografen nach Bruneck, ein großes und besonderes Ereignis für die ganze Familie.

Als Anna 2 Jahre alt geworden war, erkrankte ihre Mutter schwer und musste sogar ins Spital gebracht werden. Zum Glück wurde sie bald wieder gesund, und gleich darauf erneut schwanger, diesmal sogar mit Zwillingen. Diese erneute Schwangerschaft hatte ihrem nicht sehr stabilen Gesundheitszustand so sehr zugesetzt, dass sie nach der Geburt erneut zusammenbrach. Hans konnte die kleinen Kinder nicht alleine versorgen, so kümmerten sich die beiden Großmütter um den Nachwuchs. Doch in seinem zweiten Lebensmonat starb der Junge, seine Mutter hat er nie wieder gesehen, denn sie lag noch im Krankenhaus. Auch das Mädchen, Luise, war schwächlich, ihr Leben lang. Dazu hatte sie Zeit ihres Lebens mit einer Sonnenallergie zu kämpfen, die ihr sofort, bei auch nur geringstem Aussetzten der Haut in der Sonne Blasen und Verbrennungen verursachte.

Zur Versorgung hatten sie 2, vielleicht 3 Kühe. Das Futter für die Tiere kam von einer kleinen Weide hinter dem Haus, die so klein war, dass es für mehr Vieh nicht reichte. Zusammen ergab das durch die Hühnerhaltung Eier und wenigstens Milch und Butter in kleinen Mengen.
Die Arbeiten auf der Weide wurden vielfach von den Kindern und der Großmutter erledigt, der Vater war als Holzarbeiter meisten im Wald. Für Luise, ohnehin durch ihre Sonnenallergie kränklich, bedeutete diese Arbeit stets blutige Haut im Gesicht und auf den Händen.
Durch die Krankheit geschwächt, war ihrer Mutter dann die Arbeit auf dem Bergbauernhof zu schwer geworden, der Vater musste den Hof verkaufen. Durch die Inflation hatte das Geld seinen Wert verloren, Hans konnte nur einen kleinen Hof in der Nähe seiner Schwiegereltern, die die kleine Familie immer wieder unterstützten, erwerben. Andererseits

hatten sie dort Schule und Kirche in der Nähe.
Doch die Schwiegermutter, die selbst noch kleinere Kinder hatte, litt sehr unter dem Wegzug. Man erzählte, sie habe oft sehnsuchtsvoll nach oben zu ihrer verlassenen Heimat geschaut, denn sie hatte den Hof zusammen mit ihrem Mann unter großen finanziellen Mühen erworben. So wußte sie immer, wann der Bauer oben das Korn geschnitten, wann er Heu oder das Grumet eingebracht hatte. Gesagt hatte sie nie etwas -über Gefühle sprach man damals nicht- und führte bis zur Genesung der Mutter, unterstützt von den jüngeren Tanten, diesen Haushalt auch noch mit. Anni war zu diesem Zeitpunkt zwischen drei und vier Jahren alt.

Bevor sie in das neue Höfl, das noch nicht bezugsfertig war, einziehen konnten, mussten sie in verschiedenen anderen Wohnungen Unterschlupf suchen. Darunter eine in einem alten Ansitz, der sich in einem schlechten baulichen Zustand befand. Hier teilten sie die Küche mit anderen Familien. Über der Feuerstelle war in das rußgeschwärzte Gewölbe eine Luke eingelassen, die bei Bedarf geöffnet werden konnte. Über dem Herd hingen an Eisenstangen

Würste und Speck. Nach den Schlachtungen im Winter hatte man sie zubereitet und hier zum Räuchern angebracht. Rund um die Feuerstelle standen lange Bänke, auf denen die Kinder saßen und unter denen die Tiere lagen. Da insgesamt vier Parteien im Ansitz wohnten, hatte eine jede ihre eigene Kochstelle in einer Ecke der Küche- gegessen wurde dann in der Stube der jeweiligen Familie.

Der kleinen Anna kam der Hausflur – im Dialekt Labe genannt – gewaltig vor. Schwere und dicke Holzdielen führten zu riesigen Türen, regelrechte Portale, umfasst von den dickwandigen Mauern des Ansitzes. Große Riegel aus Holz und ein gigantischer Eisenschlüssel vermittelten dem Mädchen Sicherheit wie in Abrahams Schoss.

Draußen im Hof stand ein großer Brunnen, es gab einen Stall für Kleinvieh wie Gänse, Hennen, Schafe und Ziegen, und einen schönen Kräutergarten. Schweine– und Kuhställe, in dem auch ihr Pferd untergebracht war, lagen ein wenig weiter entfernt. Beeindruckt hatte Anna ein mächtiger Zirmbaum, der oberhalb der Ställe wuchs.

Fasziniert war sie auch von den großen Melkkübeln mit den breiten Schnäbeln, denn sie wartete gerne beim Melken auf die kuhwarme Milch, die sie frisch zu trinken liebte. Mit ihren kleinen Händen hielt sie sich, so groß wie die Gefäße selber, an den Kübelrändern fest und schlürfte mit viel Genuss die Köstlichkeit direkt aus dem Schnabel. Wollte man sie davon lösen, fing sie an sich festzuklammern, und es brauchte einige Zeit und Kraft, sie tatsächlich wegzuschaffen. Unter Lachen wurde ihr später davon erzählt, ebenso, wie sie im Herbst, wenn der Kohl eingefahren worden war, die gesäuberten Köpfe mit Butterknollen verwechselte und sie abbeißen wollte. Erste Erfahrungen mit „gefährlichen“ Tieren folgten. Im Nachbarhof hielt man Gänse, die gerne schnatternd herum watschelten. Sahen sie Anni in ihrem roten Lieblingskleidchen, schnappten sie nach dem Rock, zwickten sie und warfen die Kleine zu Boden. Bis jemand kam, um sie zu „retten“, weinte und schrie sie – ihre Furcht vor Gänsen blieb lange bestehen.

Besonders ins Gedächtnis eingebrannt hatte sich bei ihr ein wildes Sommergewitter, bei dem ein Blitz mit gewaltigem Krachen in den großen Zirmbaum einschlug. Der Einschlag war so heftig, dass die Erde bebte, und der Baum anschließend in Flammen aufging. Es war beinahe wie ein Vorzeichen für ein Ereignis im Leben Annas, das für sie traumatisch sein würde. In panischer Angst zitterte das Mädchen an ganzen Leibe. Geschickt abgelenkt wurde sie da von dem klugen Kindermädchen Toni, indem sie sie in ihre Kammer einlud.

Dort durfte Anni Tonis „Schätze“ bewundern, die sie in einem alten, hölzernen Koffer unter ihrem Bett aufbewahrte. Darin verborgen waren Ansichtskarten, bunte Schleifchen, Sterbebildchen, und Fotografien, eingelassen in die Innenseite des Kofferdeckels. Zu jedem Bild wußte das Kindermädchen eine Geschichte zu erzählen, und langsam das erschrockene Kind ruhiger, es lauschte gespannt der geschickten Frau. Ganz und gar ein junges Weibchen fand besonders ein filigran gehäkeltes Spitzenkörbchen ihr Interesse, das mit Zuckerwasser gestärkt worden war. Verschlossen war es mit einem blauen Seidenband, das zu einer Schleife gebunden war und enthielt: Süßigkeiten. Von ihnen durfte Anni nehmen, und mit dieser Minute war das Gewitter völlig vergessen.

Kurz nach diesem Ereignis erkrankte Anna schwer

mit rätselhaften Symptomen. Hohes Fieber und Kopfschmerzen begleiteten dunkelblaue Flecken, die sich über ihren ganzen Körper verteilten, fasste man sie an, schrie sie vor Schmerzen. Bis zum heutigen Tag gibt es keine Erklärung dafür.

Dann hatten endlich wieder ein kleines Haus, mit ein paar Hühnern und einer Kuh, deren Erzeugnisse ihre Mutter zum größten Teil verkaufte.
Die Schwiegermutter war nun nicht mehr bei der Familie, sondern zog zu ihrer Tochter. Dennoch wurde es eng, das Haus war nicht sehr geräumig, sodass die beiden Brüder des Vaters in einer Kammer zusammen im oberen Stock wohnten. Außerdem entband Maria von ihrem nächsten Sohn Adolf, 1926. Sie wohnten auch nicht alleine in diesem Haus, eine senkrechte Feuermauer teilte es in zwei Hälften. Zum Glück war der Nachbar nett und freundlich, er nannte sogar einen Bienenstock sein eigen. Ihm schauten alle Kinder gerne zu, wie er die Immen fütterte oder den Honig schleuderte.
Waren sie lieb, und das waren sie natürlich, durften sie den Honigmet verkosten, der wunderbar süß schmeckte.

Im Alter von neun Jahren erwischte es Anni noch einmal gesundheitlich, diesmal wäre sie beinahe gestorben. Drei Tage lang quälten sie entsetzliche Bauchkrämpfe, die der Arzt nicht ernst nahm, und seine Visite immer wieder aufschob. Als er dann endlich zum Hof kam, erschrak er, und ordnete die sofortige Verlegung ins Spital an, das Kind sei in Lebensgefahr. Auf Schusters Rappen rannte der Vater darauf hin zum einzigen Besitzer eines Automobils in der Nähe. Dieser war zum Glück gerade erreichbar und konnte Eltern und Tochter nach Bruneck ins Krankenhaus fahren, wo sie einer Notoperation unterzogen wurde – das rettete ihr das Leben, denn der Blinddarm war durchgebrochen. Im gesamten Bauchraum hatte sich Eiter ausgebreitet und musste mit einem Schlauch drainiert werden. Während der ganzen Nacht warteten Vater und Mutter im Flur und beteten. Erst in den frühen Morgenstunden kam die Entwarnung, dass es die zähe Anna wieder einmal geschafft hatte, die Eltern durften nach Hause fahren.

Als sie dann erwachte, war sie durstig und hatte Schmerzen, denn die stationäre Versorgung der damaligen Zeit sah noch keine Infusionen vor. Und sie war zum ersten Mal in ihrem Leben allein – ein furchterregende Erfahrung für sie. Drei lange Wochen verbrachte sie auf der Station, bis sie endlich wieder nach Hause durfte. Überglücklich küsste sie ihren kleinen Bruder und hob ihn voller Freude so schnell in die Höhe, dass es die Eltern nicht mehr verhindern konnten - die frische Wunde platzte auf. In der Folge musste Anna zwei weitere Wochen bis zur vollständigen Wundheilung zurück ins Krankenhaus. Nun machte sie eine erstaunliche Erfahrung: da sie auf die Frauenabteilung gebracht worden war, fingen die Patientinnen an, das magere Mädchen aus Mitleid aufzupäppeln. Sie fütterten sie mit ihren Nachspeisen und bemutterten die Kleine, so dass sie sich wie im Schlaraffenland fühlte.

Die nachfolgende Beschreibung des Lebens der Anna M. ändert sich an dieser Stelle. Denn sie wurde nicht mehr von ihr selbst erzählt, da sie in der Zwischenzeit immer mehr von ihrem immer hervorragenden Gedächtnis verloren hat, sondern von ihrer Tochter aus zweiter Hand sozusagen. Unterstützung hatte sie dabei von ihrer Schwester.

Das Trauma

Mitten in einer schwül warmen Sommernacht des Jahres 1930 passierte dann das Unfassbare. Eines der vielen gewaltigen Sommergewitter hatte sich schon den ganzen Tag über angekündigt, als es endlich anfing zu regnen. Alle schliefen, als die Familie plötzlich durch lautes Krachen geweckt wurde. Das Haus brannte, ob es durch einen Blitzeinschlag geschehen war, oder einen anderen Grund hatte, konnte im Nachhinein nicht mehr erklärt werden.

Soweit waren die Flammen schon vorgedrungen, dass sie nur noch ihr bloßes Leben retten konnten. Während sich die Älteren die Jüngeren schnappten, und hinaus stürzten, konnten die Erwachsenen nichts mehr retten, was sie sich über die Jahre erarbeitet hatten, alles wurde ein Raub der Flammen. Zitternd und gebannt im Schock standen sie in den Nachthemden in der freien Natur und mussten tatenlos mit ansehen, wie alles bis auf den Erdboden verbannte.

Nichts blieb übrig, sie hatten alles verloren. Anna

erlitt eine Art Trauma, das sie nie wieder los lies, bis ins hohe Alter nicht. Obwohl es damals üblich war, nach einer solchen Katastrophe mit einer Art Berechtigungsschein offizieller Art über die Dörfer zu ziehen und um Almosen zu bitten, konnte sich Annas Vater nicht dazu durchringen, betteln zu gehen.

Den Ansatz dazu machte er schweren Herzens, doch er schaffte es nicht einmal ganz zum Dorf hinaus, zu peinlich war ihm der schwere Gang. Hans war nicht etwa zu gut dazu, oder zu stolz, er wollte nur einfach kein Bettler sein, und für seine Familie stets selbst sorgen – und er wollte sein Haus wieder aufbauen.

Bis es soweit war, verteilten sie sich über die Verwandtschaft, die kleinen Kinder kamen zu den Großmüttern, die größeren halfen beim Wiederaufbau, der ihnen, wie ein kleines Wunder, auch tatsächlich gelang. Wohl mit der Hilfe der Nachbarn schafften sie es den Hof erneut zu errichten, man hat damals niemanden allein gelassen. Keiner der Familie aber vergaß je die Angst, die sie gefühlt hatten in jener Nacht.

Die Bestürzung war enorm über den großen Verlust in einer Zeit, die für die Südtiroler Bevölkerung so unsicher und hart war, wie selten zuvor.

"Italianità"

Zum Verständnis der nun folgenden Ereignisse ist es notwendig, ihnen einen kleinen historischen Abriss vorauszuschicken, über Mussolini und Südtirol.

Bis zum Ausbruch des Ersten Weltkriegs gehörten die norditalienischen Gebiete Südtirol, Trentino und Veneto bis nach Venedig und Triest zur k.u.k. Monarchie Österreichs. Nach dem für sie verlorenen Krieg wurden alle Gebiete südlich des Brenners gemäß des Vertrags von St. Germain im Oktober 1920 Italien zugesprochen, entgegen des Willens der zum größten Teil deutschsprachigen Bevölkerung Südtirols. Obwohl bei den ersten Wahlen im Jahr 1921 sogar vier deutschsprachige Südtiroler ins römische Parlament eingezogen waren, König Vittorio Emanuelle III ihnen außerdem „ sorgfältige Wahrung der lokalen Institutionen und der Selbstverwaltung“ versprochen hatte, wurden

sämtliche Bestrebungen nach Autonomie durch die sich insgesamt in Europa verändernden politischen Lage enttäuscht.
Mit der Machtergreifung Mussolinis begann für die Südtiroler die Italianisierungsphase, während der sämtliche Orts- und Flurnamen italianisiert und die Verwendung des Namens *Tirol* verboten wurden.
Sogar deutsche Familiennamen wurden übersetzt. Zwischen 1923 und 1925 wurde Italienisch zur einzig zugelassenen Amts- und Gerichtssprache. Sämtliche deutschsprachigen Zeitungen wurden verboten, mit Ausnahme einer politisch motivierten Tageszeitung. Dies änderte sich dann 1927 wieder.

Im Zuge der faschistischen Schulreform von 1923 wurde in den folgenden Schuljahren an allen Kindergärten und Schulen die deutsche Sprache verboten. Kirchliche Schulen mussten sich ebenfalls fügen oder schließen. Proteste brachten nichts, daher kam es in der Folgezeit zum Phänomen der „Katakombenschulen".
Dies waren Geheimschulen, in denen ambitionierte Südtiroler Kinder in Deutsch unterrichteten. Die Lehrmittel hierfür wurden aus Deutschland und

Österreich nach Südtirol geschmuggelt. Die jungen Lehrerinnen wurden zunächst im Lande ausgebildet, wobei die Gruppen z.B. als Nähkurse getarnt wurden. Später waren diese Kurse nur noch im Ausland möglich. Auf diese Weise wurden wahrscheinlich circa 200 Lehrerinnen ausgebildet.

Sie tarnten sich oft als Bäuerinnen, die "Schulklassen" trafen sich nachmittags, nach dem regulären Unterricht an der italienischen Volksschule, auf Bauernhöfen oder in Gaststätten. Sobald eine Katakombenschule enttarnt wurde, mussten die Lehrer und auch die Eltern mit drakonischen Geldstrafen, Freiheitsentzug oder Verbannung rechnen.

Schule

Als Schulkind besuchte Anna also die italienische Schule, und musste nun italienisch lernen und sprechen. Vater Hans ertrug dies schlecht, und so beschloss er, seinen und den Nachbarskindern heimlich Unterricht zu geben. Zwar war er ein einfacher, aber dennoch belesener Mann, so besorgte er Schiefertafel und Kreide und los ging es. Nicht jeder mochte diesem „Treiben“ tatenlos zuschauen, daher ist es sehr wahrscheinlich, dass ihn ein Nachbar anzeigte, denn „Lehrer“ Hans wurde verhaftet. Die Polizei erschien auf dem Hof.

Vor erschrockenen Kinderaugen und einem vor Schreck erstarrten Vater durchsuchten sie sein eigenes Haus, steckten ihre Nasen in ihre Angelegenheiten, ließen nichts aus und warfen alles auf den Boden. Heimlich weinte Maria, die Angst um ihren Mann wuchs von Minute zu Minute. Da Hans nie auf die Idee gekommen wäre, dass man ihn verraten könnte, hatte er natürlich nichts versteckt, oder jedenfalls nicht besonders gut versteckt. Man fand daher bei der Hausdurchsuchung sein

Unterrichtsmaterial, verwendete dies als Beweis und vernichtete anschließend alles. Er wurde einfach mitgenommen, die Familie ließ man bewusst im Unklaren, was nun mit dem Vater würde. Eine grausame Quälerei in jenen Zeiten, mit einer Mutter, die nicht voll erwerbsfähig war. Alle hatten Angst um das Familienoberhaupt, wussten nicht, was aus ihnen werden würde. Tatsächlich blieb Hans einige Nächte in Haft, ohne dass die Familie etwas über die näheren Umstände erfahren hätte. Als er nach der Verhaftung nachhause kam, gab es mit der Nachbarschaft keinerlei Probleme, schließlich wusste man im Dorf warum - und Menschen, die den Nachkommen die deutsche Muttersprache näher brachten und damit auch erhielten, wurden von allen geschätzt.

Wie manches andere Mädchen auch hatte sich Anna sehr auf die Schule gefreut, durch die sich ihr eine völlig neue Welt eröffnete. Zum Glück lag das Schulhaus, das zusammen mit der Kirche und ihrem Elternhaus den Dorfmittelpunkt bildete, direkt nebenan und sie musste nicht, wie viele ihrer Mitschüler der damaligen Zeit, viele Stunden Weges in Kauf nehmen. Motiviert stieg sie morgens aus ihrem Bettchen und ging, gestärkt von einem kleinen Frühstück, der sogenannten Brennsuppe, geradewegs herüber in die Schule. Dort traf sie auch ihre Freundin. Wiss-und lernbegierig wie sie war, wäre es ihr niemals in den Sinn gekommen, auch nur einen Tag zu schwänzen, geschweige denn, sich über die harte Disziplin zu beschweren. Ohnehin war sie schon damals ein Mensch, der Pflichtgefühl und Verantwortungsbewusstsein an oberste Stelle setzte.

Natürlich erledigte sie immer brav und gewissenhaft ihre Hausaufgaben – bevor sie im Haushalt half. In der Folge war sie eine sehr gute Schülerin und hatte mit ihrer Lehrerin keine Schwierigkeiten. Noch später erzählte sie gerne, was für eine verständnisvolle Frau das gewesen sei, die Kinder hätten sehr viel bei ihr gelernt.

Ihre Freude am Lernen und ihre Neugierde, ihr brennender Wunsch, mehr über die Welt zu erfahren, sich bilden, etwas aus sich zu machen, ließen in ihr den Wunsch reifen, zu studieren – was zur damaligen Zeit gleichbedeutend bei einem Mädchen war, dass sie gerne Lehrerin geworden wäre. Außerdem hatten

Lehrer damals noch einiges Ansehen. In einem so kleinen, abgeschlossenen Tal in den 1930er Jahren kannten die Kinder keine andere Möglichkeit des Studiums als für Mädchen Lehrer und für Jungen Priester.

Ihr Vater hatte aber keine finanziellen Möglichkeiten, ihr diesen Wunsch zu erfüllen, auch wenn er alles dafür getan hätte, wäre es nicht gegangen. Er liebte seine älteste Tochter sehr, beide hatten ein sehr inniges Verhältnis zu einander, aber er hatte noch mehr Kinder zu versorgen und an deren Zukunft zu denken. Wie Anna diese Enttäuschung „wegsteckte", das behielt sie stets für sich. Sie wird sich auch im Herzen gefügt haben, was blieb ihr auch anderes übrig.

Harte Zeiten

Ein Beispiel für die Härte des damaligen Lebens liefert auch eine Episode aus dem Leben von Annas jüngerem Bruder Adolf. Er hatte eine Schneiderlehre gemacht, zum Essen kam eine einzige Schüssel auf den Tisch. Aus ihr schöpften alle in ihre Teller. Zuerst der Meister, danach die Lehrlinge. Als der Bruder mit dem Löffel in die Schüssel fuhr, um sich einen weiteren Knödel zu angeln, schlug ihm der Meister hart mit der Kelle auf die Hand. Einen zweiten Knödel zu essen stand ausschließlich dem Meister zu. Stets hungrig, fuhr er deswegen manchmal nachts nach Hause, um dort etwas Essen zu besorgen, doch hier hatte man auch nicht viel.

Nach ihrem guten Schulabschluss verrichtete der angehende Backfisch also zuerst in der Dorfschenke kleinere Arbeiten, sozusagen als Mädchen für alles, und konnte damit ein wenig ihre Familie unterstützen. Man könnte dies als ihre Ausbildung bezeichnen, denn sie blieb bis zu ihrer Hochzeit 1949 immer dem Dienstgewerbe im Servicebereich treu.

Nach ungefähr einem Jahr Arbeit im Heimatdorf, ging sie dann in richtig „in Dienst“ im Oberpustertal

- sie war als Älteste der Geschwister angewiesen, arbeiten zu gehen. Damals ein völlig normaler Vorgang. Ihre erste Arbeitsstelle war ein Hotel in Innichen, in dem sie als Dienstmädchen anfing. Wieder begann ein völlig anderes Leben. War sie aber als Schülerin noch größtenteils in ihrem gewohnten Umfeld geblieben, so war sie jetzt nicht nur von zu Hause fort, sondern mit ihr fremden und neuen Umständen konfrontiert. Sie musste beispielsweise ständig feste Schuhe und Strümpfe tragen, die ihr die Haut aufscheuerten, das offene Fleisch lag darunter. Als Bauernmädchen war sie im Sommer stets barfuß gelaufen, die „Patschen" für den Winter waren nicht so eng gewesen. Und eine „Auszeit", um die Füße zu pflegen, gab es nicht. Die Umstellung in ein „zivilisiertes" Leben unter reichen Touristen aus Mailand, Venedig und Rom machte ihr zu schaffen – aber sie war flexibel und passte sich schnell an. An harte Arbeit war sie gewohnt. Anna klagte nicht, sie war noch jung und versuchte ihr Leben irgendwie zu genießen.

In den Saison-Zwischenzeiten kam die junge Frau nach Hause zurück, sie hatte sich im 1.Stock eine kleine Kammer eingerichtet. Das war aber immer für sehr kurze Zeit, zwischen der Sommer- und der Wintersaison, die für damalige Hotelangestellte sehr hart war, weil sie tagtäglich ohne freie Tage arbeiten mussten. Wenn Anna bei der Familie war, bereitete sie ihre Aussteuer vor, sie fertigte Handarbeiten und klöppelte. Manche dieser Arbeiten sind noch immer vorhanden.

Bis 1939 arbeitete sie auf dem Monte Piano, im gleichnamigen Hotel. Da auch der italienische König Vittorio Emanuelle gerne im Winter für einen oder zwei Tage hier her kam, hatte sie einmal das „Vergnügen", ihn zu sehen. Seine Majestät reisten stets mit der gesamten imperialen Entourage, das bedeutete, er brachte auch sein eigenes Bettzeug und Geschirr mit sich. Alles musste zu Fuß nach oben zum Hotel geliefert werden, Anna schleppte durch den kniehohen Schnee schwere Holzkoffer und brach dabei immer wieder ein. Das Erlebnis hat sie nie vergessen.

Dennoch blieb sie ein lebenslustiger Mensch. Mit ihren nur wenig älteren Tanten als „Anstandswauwaus" durfte sie schon recht früh auf Bälle gehen und sich amüsieren. Die jungen Frauen gingen in ihren Arbeitsgaloschen bis hin zum

Tanzsaal und zogen erst dort dann ihre besseren Schuhe an, um sie zu schützen. Man konnte sich eben nicht ständig neue Schuhe kaufen wie heute an jeder Ecke. Sie war früh voll entwickelt, wirkte älter und war recht hübsch. So wundert es nicht, dass manch ein junger Verehrer ein Tänzchen mit ihr wagte, zu mehr kam es aber nicht. Sie sei nicht verliebt gewesen, es hatte sie einfach noch keiner so wirklich interessiert, erzählte sie später.

Dann kam die Option – mit Folgen auch für Anna.

Option

Als Option bezeichnet man in Südtirol die Zeit zwischen 1939 und 1943, eine Folge des Abkommens zwischen Hitler und Mussolini. Es regelte (u.a.) die Umsiedlung der deutschsprachigen Bevölkerung nach Deutschland und Österreich. Man legte es ihr nahe, daher die Bezeichnung Option.

Wer in Italien bleiben wollte, musste die Italianisierung mit Aufgabe von Kultur und Muttersprache in Kauf nehmen. Damit wurde die Hoffnung vieler Südtiroler auf Wiedervereinigung mit dem österreichisch gebliebenen Nord- und Ostteil Tirols begraben, die sich 1938 nach dem Anschluss Österreichs an das Deutsche Reich verstärkt hatte.

Die Pläne zur Umsiedlung verursachten zunächst eine Welle der Empörung. Die schwierige Wahl zwischen einer unfreiwilligen Auswanderung und dem Verlust wichtiger Bürgerrechte wurde Gegenstand heftiger Diskussionen auch in den Gemeinden und quer durch viele Familien.

Beschleunigt wurde sie aber durch ein vom Reichspropagandaminister Josef Goebbels lanciertes Gerücht, dass die „Dableiber“ auch nicht in ihrer Heimat bleiben, sondern in die Mitte, wenn nicht sogar in den Süden Italiens verlegt werden würden.

Damals entschieden sich etwa 85 % der Südtiroler Bevölkerung für die Umsiedlung ins Reich, womit weder die italienischen Faschisten noch Hitler gerechnet hatten. Tatsächlich ausgewandert sind bis zum Sturz des Diktators Mussolini nur rund 75.000 Personen, vorwiegend aus besitzlosen Familien. Die ersten Familien verließen schon 1939 ihre Heimat. Nach Mussolinis Sturz erfolgte im September 1943 die deutsche Besetzung Norditaliens, wodurch die Auswanderung beendet wurde.Nach 1945 kehrte ein Großteil der Reichs-Optanten wieder in ihre Heimat zurück als sogenannte Rücksiedler.

Hans wäre am liebsten, besonders nach der Erfahrung mit der Polizei, sofort ausgewandert, daraus ergaben sich sehr große Meinungsverschiedenheiten zwischen den sonst eher harmonischen Eheleuten. Maria weigerte sich strikt, mit Kind und

Kegel auszuwandern, sie sagte immer „Bevor ich nicht genau weiß, wohin ich komme und wo ich Unterkunft finde, gehe ich keinen Schritt von zuhause fort".
Und so kam es, dass der Vater für die minderjährige Tochter Anna optierte, er meinte es gut. Wehren hätte sie sich ohnehin nicht können, außerdem liebte sie ihren Vater sehr. Wirklich begeistert aber war sie von der Idee nicht.

Mit 19 Jahren und den wenigen Habseligkeiten in einem Holzkoffer, brachte er sie zum Bahnhof in Bruneck. Sie fuhr nach Innsbruck, wo eine ihrer Tanten wohnte. Dies schien allen eine bessere Lösung zu sein, als nach Deutschland zu gehen, wo sie niemanden kannte. Auch die Mentalität war deutlich näher als die der Deutschen, und sie war nicht „ganz aus der Welt" – wie sie alle dachten. Später zeigte sich, das dies nicht der Fall war. Ihr Vater sagte noch zu ihr: „Wann werden wir uns wohl das nächste Mal sehen?", beinahe als ahnte er, dass es kein Wiedersehen geben sollte.
Anna brach es beinahe das Herz. Mit nicht nur guten Vorahnungen und ein wenig Angst vor der Fremde,

die trotz allem nun einmal war, bestieg sie den Zug, und winkte dem Vater aus dem Fenster ein letztes Mal zu. Ihr Herz klopfte mächtig. Es war für sie schwer zu unterscheiden, ob es Aufregung vor der großen Fahrt oder auch die Furcht, vor dem war, was auf sie zukommen würde.

Innsbruck

In der großen Stadt Innsbruck war alles anders als zuhause. Zwar war sie den Umgang mit Städtern durch den Dienst in den Hotels gewohnt, aber noch nie an einem Ort, in dem so viele Menschen auf dichtem Raum lebten, gewesen. Ein Sprung ins kalte Wasser, der gemildert wurde durch ihre Tante Sophie und den die aufgeschlossene junge Frau perfekt meisterte.

Doch konnte diese immer kränkliche Verwandte die Wärme und Geborgenheit ihres heimatlichen Nests nicht völlig ersetzen. Arbeit hatte sie in einem guten Hotel gefunden, wo sie auch wohnte. Auf der anderen Seite war die Stadt auch eine interessante Erfahrung für eine junge Frau, deren einzige Unterhaltungsmöglichkeit bisher die gelegentlichen Tanzvergnügen waren. Viel Zeit für Freizeit blieb ihr freilich nicht, die Bedingungen in Innsbrucker Hotels waren nicht großzügiger als in Südtirol.

Sie entdeckte das Kino und kam dadurch auch mit der Welt der Mode in Berührung, die sie durchaus faszinierte. Und sie bildete sich weiter, belegte Sprachkurse z.B. in Englisch, denn sie immer noch recht wissbegierig.

Ihre Familie sah sie nicht in all den Jahren. Es war von beiden Seiten finanziell nicht möglich.
Nach ungefähr zwei Jahren wechselte sie in ein Hotel im Stubaital, wo es ihr recht gut gefiel und sie gerne arbeitete. Schnell hatte sie sich eingelebt, da traf sie der erste große Schicksalsschlag ihres Lebens.

Ihr Vater erlag im Frühjahr 1941, im Alter von 41 Jahren einem schweren Arbeitsunfall, der sich bei Waldarbeiten ereignete. Es war eine tödliche Kopfverletzung, die man damals nicht oder nicht mehr rechtzeitig hatte versorgen können. Um seine angeschlagene Gattin nicht zu sehr zu erschrecken wollte Hans, obwohl man ihn nach Hause getragen hatte, unbedingt das Haus in aufrechter Haltung auf eigenen Füßen betreten. Das gelang ihm, danach allerdings brach er zusammen. Wenige Stunden nach dem Unfall war er bereits tot – die Mutter mit dem jüngsten Bruder schwanger. Hans sah seinen jüngsten Sohn nicht mehr. Für die Familienmutter, die noch kleine Kinder hatte, war das eine Katastrophe. Die älteste Tochter weit weg, der älteste Sohn im Krieg, sie selbst nicht gesund und stark, für Maria muss eine Welt zusammengebrochen sein. Wieder einmal war sie auf die Hilfe von Nachbarn und Verwandtschaft angewiesen, doch diesen Schlag verwand sie nie, auch körperlich nicht.

Anna konnte noch dazu nicht einmal zur Beerdigung nach Südtirol einreisen, die Genehmigung kam 3 Wochen zu spät. Sie besuchte dann kurz das Grab, um anschließend gleich wieder ins Stubaital zurückzufahren, in ihrer Seele sehr angeschlagen. Ihr Vater würde ihr immer fehlen.

Im Hotel hatte sie eine Freundin gefunden, die Tochter des Hauses. Durch diese Freundschaft, die sie ein wenig von den übrigen Dienstboten trennte, wurde es ihr auch möglich einige recht elegante junge deutsche Frauen kennen zu lernen, die gerade hier Urlaub machten, Dolmetscherinnen bei der Wehrmacht. Sie waren immer so schön und modisch gekleidet, was auf Anna einen gehörigen Eindruck machte. Elegante Damen hatte sie auch schon vorher in den Hotels gesehen, aber mit diesen kam sie ins

Gespräch. Und so erfuhren die ebenfalls noch jungen Frauen, dass dieses Dienstmädchen perfekt zweisprachig war und empfahlen ihr die Dolmetscherschule in München.

Daher war sie froh über die Abwechslung in ihrem Leben und fuhr nach München, für immer in Deutschland zu bleiben, kam ihr allerdings nicht in den Sinn. Eine Ausbildung zur Dolmetscherin rückte ihr den eigentlichen Berufswunsch Lehrerin zu werden, deutlich näher. Wenn es auch nicht dasselbe war, konnte sie doch ihre Sprachbegabung unter Beweis stellen und hatte mit Menschen zu tun.

Ehe und erstes Kind

So motiviert machte sie ihre Ausbildung mit Erfolg und wurde sogleich mit ihren Kolleginnen zum Einsatz nach Italien geschickt. Kaum hielt der Zug an Grenzstation Brenner, kamen die Grenzpolizisten zur Kontrolle. Von allen Dolmetscherinnen wurde als einzige sie aus dem Zug geholt und durfte nicht weiterreisen, man schickte sie zurück nach München. Anna hatte nämlich als Optantin deutsche Papiere, Österreich gab es seit 1938 nicht mehr, denn es war Teil des deutschen Reiches.

Ihre Enttäuschung über diesen Vorgang war so groß, dass sie beschloss, München zu verlassen, und wieder zurück nach Tirol zu gehen.
Über diese Ausbildung in München, die 2-3 Monate in Anspruch nahm, hat Anna nicht mehr viel erzählt, denn hauptsächlich bleibt die Bayernmetropole für sie mit dem Ereignis in Verbindung, das ihr Leben kurz danach auf dramatische Art und Weise veränderte. Denn hier traf sie ihren späteren Mann wieder, einen Bekannten aus dem Pustertal, der sie überraschend besuchte, Franz. Sie kannten sich aus

Südtirol. Er hatte dort gelegentlich bei einer ihrer Tanten als Aushilfe gearbeitet.
Als sie noch im Pustertal wohnte, war Anna gelegentlich auf Besuch zu dieser Tante gefahren. Der familiäre Zusammenhalt war ihr stets wichtig gewesen. Bei dieser Gelegenheit hatten beiden sich schon einmal getroffen. Anscheinend verliebte sich der sportliche junge Mann in das fesche Mädchen, zu einer Liebschaft oder gar Beziehung war es dagegen nicht gekommen. Der Skilehrer und Bergführer war unehelich geboren, seine Mutter, eine Köchin, hatte sogar noch zwei weitere uneheliche Kinder. Wahrscheinlich lebte sie sogar mit jemanden zusammen, nicht ganz unüblich zu jener Zeit, wenn sogar das Geld für eine Hochzeit fehlte.
„Gesellschaftlich" akzeptiert waren diese Verbindungen nicht, aber geduldet. Verwandtschaft von dieser Seite existiert heute nicht mehr. Annas Adresse in München hatte Franz von ihrer Tante Sophie aus Innsbruck, denn hier hatte er sie zunächst gesucht.

Franz war bei der Wehrmacht. Nach der Option 1939 wurden Südtiroler Männer im wehrfähigen Alter, die sich für Deutschland entschieden hatten, oft direkt in die deutsche Wehrmacht überstellt, waren dann aber sozusagen Deutsche Staatsbürger. Nach der Besetzung Italiens durch Deutschland 1943 wurden auch Soldaten mit italienischer Staatsbürgerschaft – entgegen dem Völkerrecht - zu Verbänden der Wehrmacht herangezogen.

Anlässlich eines Fronturlaubs war er nach Hause gefahren und wollte sie sehen. Seine kleine Odyssee führte ihn also über Nordtirol nach Bayern, nachdem er von der Dolmetscher-Ausbildung erfahren hatte. Glücklich über den neuen Arbeitgeber seiner Angebeteten war er nicht, denn er riet ihr gleich: „Von diesem Sauhaufen musst du weg!"
Geradewegs fuhr er nach Bayern weiter und holte die junge Frau einfach ab – sie hatte nichts vorher gewusst. Er nahm sie einfach mit in in seine Unterkunft, gegen ihr Sträuben, denn es kam ihr nicht sehr sittlich vor, mit einem Junggesellen einfach mitzukommen. Doch er lenkte geschickt ab und erklärte ihr, dass sich daraus keinerlei Schwierigkeiten ergäben, schließlich kümmerte sich in den Hotels ja kein Mensch um den anderen, in diesen Zeiten erst recht nicht. Während er sich dort in seinem Zimmer

rasierte, erzählte er ganz nebenbei, er würde bald heiraten. Leicht konsterniert fragte ihn Anna, wen denn, worauf er nur lässig antwortete: "Dich!" Dies löste eine kleine Diskussion aus, innerhalb derer Franz seine Wunschbraut davon überzeugen konnte, dass er der Richtige sei. Aus Angst, den Ehemann an der Front zu verlieren, hatte sie sich ursprünglich vorgenommen, nicht im Krieg zu heiraten – der junge Soldat muss wohl recht überzeugend gewesen sein. Vielleicht haben auch das permanente Heimweh und die Sehnsucht nach (ihrer) Familie mit den Ausschlag gegeben, ihm doch ihr Ja-Wort zu geben.

Die Vermählung sollte in Innsbruck stattfinden, denn Anna war nachdem Erlebnis auf dem Brenner und dem eindringlichen Anraten ihres Verlobten hin nicht mehr länger gewillt, in Deutschland zu bleiben. Wie genau sie das Folgende zustande brachte, bleibt im Dunkeln, aber sie besorgte sie sich über einen Bekannten Papiere und reiste nach Österreich, zurück in ihr „altes" Hotel im Stubaital.

Die Zweiundzwanzigjährige schrieb dann einen ausführlichen Brief an ihre Mutter und teilte ihr das Vorhaben mit, denn die Zustimmung ihrer Familie war ihr sehr wichtig, sowie alle Kommunikation mit ihrer Verwandtschaft rege war, allerdings ausschließlich über Briefe, telefonieren kam ja nicht in Frage. Leider ist dieser Briefverkehr nicht mehr vorhanden.

Franz, der vor hatte zu seiner Familie ins Pustertal zu fahren, sollte ihrer Mutter das Schreiben vorbeibringen. Inzwischen hatte er alle Vorbereitungen für die Hochzeit getroffen und sich dann mit Anna in Innsbruck für die Formalitäten verabredet. Allerdings hatte er jedesmal, wenn sie ihn auf die Antwort ihrer Mutter ansprach, diese immer in einer anderen Jackentasche, berichtete ihr aber, dass Anna nichts gegen eine Heirat hätte. Sie heirateten im Mai 1943 in Innsbruck, eine Freundin aus dem Stubaital und ihre Tante Sophie waren dabei, die wenig später an ihrer langen Krankheit noch während des Krieges starb. Zum großen Bedauern beider Brautleute waren weder ihre noch seine Mutter an diesem wichtigen Tag dabei, denn eine Reise aus dem Pustertal nach Innsbruck wäre einer Weltreise gleich gekommen. Eine große Hochzeitsfeier, wie es sich die Braut eigentlich gewünscht hätte, kam nicht in Frage. Franz hatte damals 3 Wochen Fronturlaub für die

Hochzeitsformalitäten und Hochzeitsurlaub.
Natürlich verbrachten sie jede Minute miteinander, lernten sich nun ein wenig besser kennen, versuchten, so unbeschwert es eben ging, ihre Flitterwochen zu verbringen.

Erst später, nach der Hochzeit, gab der frischgebackene Ehemann zu, den Brief niemals abgegeben zu haben. Ein Vertrauensbruch, den Anna nur schwer verkraftete. Es war wie ein Menetekel, das über dieser Verbindung aufgetaucht war und nichts Gutes verhieß. Anna hatte Franz überreden wollen, nach der Hochzeit mit ihr in die Schweiz zu ziehen, bis der Krieg vorbei sei. Doch er lehnte vehement ab, er wollte seine Kameraden nicht im Stich lassen. Er sah eigentlich auch keine Gefahr mehr für sich, da er ja nicht mehr direkt an der Front war, sondern wie er sagte "nur noch die Schnapsflaschen" verteidigte. War er, der ehemalige Skilehrer und Wanderführer, doch in der Zwischenzeit in die Feldküche abkommandiert worden.
Anna arbeitete nach den gemeinsamen Wochen im Stubaital weiter. Schon bald bemerkte sie ihre Schwangerschaft und war glücklich über das in ihr

wachsende Leben, freute ich, diese frohe Botschaft auch bald ihrem Mann mitteilen zu können. Auch war sie froh, nicht mehr in München, sondern in Tirol zu sein und damit der Heimat ein kleines Stückchen näher.
Sicher dagegen war sie nicht, aber deutlich besser aufgehoben als in der Hauptstadt des nazideutschen Gaus Tirol-Vorarlberg Innsbruck.

Kurz nach der Heirat der beiden war Mussolini gestürzt worden, die Alliierten im Juli 1943 auf Sizilien gelandet. Nach dem Waffenstillstand Italiens mit den Alliierten betrachtete Deutschland seinen ehemaligen Verbündeten als Verräter und besetzte mit der Wehrmacht den Norden. Südtirol wurde „heim geholt". Erste Luftangriffe begannen kurze Zeit später, mit dem Angriff der Amerikaner auf Feldkirch am 1. Oktober 1943. Innsbruck war sehr schlecht geschützt, es gab keine Luftschutzbunker, nur Deckungsgräben und Löschwasserbehälter. Bis zum Ende des Jahres 1943 kam noch eine beinahe nicht existierende Luftverteidigung hinzu. Im Dezember schließlich hatten die Alliierten die totale Lufthoheit über das italienische Frontgebiet, und flogen verheerende Angriffe aus Bozen. Nun stand es außer Zweifel, dass das nächste Ziel Innsbruck sein würde. Mitte Dezember dann kam der der erste von insgesamt zweiundzwanzig Luftangriffen auf die Stadt, die eine schlechte Abwehr durch kaum geeignetes Material aufwies, an den wenigen Flaks saßen 15-17 Schüler, weil die Soldaten an die Ostfront verschickt worden war.

Die entsetzte Bevölkerung floh auf das Land, wo man sie unbedingt herzlich aufnahm. Erst im Juni 1944 ging es mit weiteren Angriffen weiter, in der Zwischenzeit waren wenigstens Luftschutzstollen gebaut worden, die Anzahl der Toten konnte verringert werden. Dennoch kam es im Dezember 1944 zum Kriegsende hin zu einem der schwersten Luftangriffe, mit einem gezielten Schwerpunkt auf die Zivilbevölkerung. Im Frühjahr 1945 nahmen sich die Alliierten die Brennerstrasse vor, einen Nachtangriff im April musste die Stadt auch noch einmal hinnehmen, sowie das Land Tirol nun allgemein von Engländern und Amerikanern von der Luft aus beschossen wurde.

Die Katastrophe

Anna war eben 3 Monate verheiratet, als sie die Nachricht erhielt, dass Franz in Mazedonien aus dem Hinterhalt erschossen worden war. Es gab in Jugoslawien starken Partisanenwiderstand.
Er hatte nicht einmal gewusst, dass sie schwanger war und wollte ihr gerade einen Brief schreiben, dieses Dokument existiert noch. Denn man schickte der jungen Witwe all seine Hinterlassenschaften zu, sogar ihr eigenes Foto, das in seiner Brusttasche steckte – mit einem Einschlussloch. In der Nacht davor erwachte sie nach unruhigem Schlaf – sie war schweißgebadet- und sah eine große schwarze Spinne an der Wand. „Was wird mich heute noch an schlechten Nachrichten erreichen", schoss ihr durch den Kopf.
Das Grab ihres Mannes in Mazedonien hat sie nie besucht, es existiert aber heute noch.

Schwere Zeiten folgten, in denen sie einerseits voller Trauer und andererseits voller Freude über ihr erstes Kind war. Ihre Freundin kümmerte sich wie eine Mutter liebevoll um sie. Sohn Franzele kam putzmunter im Februar 1944 als Hausgeburt auf die Welt, nach einer schweren, tagelangen Geburt. Er war ein aufgewecktes Kind, das Anna viel Freude bereitete, sie ein wenig ablenkte von den Grauen der letzten Kriegstage und ihr Hoffnung gab, nach dem schlimmen Verlust. Sie bekam eine Witwenrente, half aber weiter im Hotel aus.

Die Zeit mit Franzele war eine traurige Zeit, wenn sie auch das Kind über die Maßen liebte. Bis heute bewahrt sie in einer kleinen Metalldose den Ehering von Franz und eine blonde Locke des Babys auf, in jenem Holzkoffer, den sie damals mit ihren wenigen Habseligkeiten beim Auswandern mitnahm.
Als das Söhnchen 17 Monate alt war, er lief bereits und sprach die ersten Worte, wurde er krank. Die Masern waren ausgebrochen, viel zu früh für ein so kleines Kind. Da es noch im Krieg war, ordinierten die Ärzte in Bunkern, zu viele Patienten für zu wenig Personal. Auch bei Franzele kam es zu Komplikationen, denn die Masern schlugen nach innen, das Kind musste ins Spital nach Innsbruck gebracht werden. Genau in diesen Tagen ereigneten sich die Luftangriffe auf Innsbruck. Anna, im

Stubaital war relativ sicher, erinnert sich dennoch an Situationen, in denen der Zug in die Gauhauptstadt aus Gründen der Sicherheit im Tunnel stehen blieb, ihr Herz vor Angst beinahe mit.

Aufgrund der widrigen medizinischen Umstände war es im Krankenhaus nicht so hygienisch, wie es hätte sein sollen, der kleine Junge bekam ein Bett, in dem zuvor ein Mensch an Diphtherie gestorben war. Das Kind wurde immer kränker, da kam sie auf die Idee, ihm könne vielleicht im Kloster besser geholfen werden. Sie wollte damals ein Versprechen ablegen, dass sie lebenslang für das Kloster arbeiten würde, wenn sie dafür ihr Kind aus dem Krankenhaus nehmen und es im Kloster pflegen durfte. Dies wurde ihr aber verwehrt.

Das Unfassbare geschah, der Junge erkrankte ebenfalls an dieser tödlichen Krankheit und starb nach kurzer Zeit.

Für Anna brach eine Welt zusammen, sie war nicht in Lage, loszulassen. Den Friedhofswärter bestach sie, den Sarg länger in der Leichenhalle zu lassen, damit sie ihren Franzele noch ein wenig bei sich hatte.

Annas schlimmsten Jahre begannen, sie hatte alles verloren, sie konnte nicht zu ihrer Familie, sie war mutterseelenallein, der einzige Anhaltspunkt war die mütterliche Freundin. Sie war ihr in jener Zeit eine große Stütze, denn in ihrem Haus war das Kind auf die Welt gekommen und sie konnten beide dort wohnen. So fuhr sie bespielsweise mit den Schiern ins Tal, tauschte und erbat alle möglichen Lebensmittel, Brennholz und was es noch zu tauschen gab. Sie war wie Franz Schilehrerin von Beruf, so hatten die beiden sich kennengelernt. Und, da sie in ihrer Ehe kinderlos war, wollte sie Franzele sogar adoptieren. Sie und ihr Mann hatten ein Häuschen, in dem Anna wohnte, das wollten sie dem Kind vererben. Anna lehnte dies stets ab, sie konnte und wollte ihr Kind um keinen Preis hergeben, doch dann hat das Schicksal es anders gemeint.

Oft wußte sie ohnmächtig in ihrem Schmerz nicht mehr weiter, dann floh sie in den Wald, und schrie, sie schrie „wie ein wildes Tier" ihre gesamte Trauer in die Natur. Ihre Seele schien zerrissen.
Da grollten von Weitem mit dunklem Brummen amerikanische Jagdflugzeuge über den Wald, sie

beschossen sie und alles, was sich zwischen den Bäumen bewegte, und waren es alte Frauen und Kinder, die Beeren sammelten, weil es es kaum etwas zum Essen gab.

Die bis in ihre Grundfesten erschütterte junge Frau blieb bis zum Kriegsende im Stubaital und konnte dann endlich in die Arme ihrer Familie zurückkehren.

St.

Wieder in der Heimat und Nachkriegszeit

Sie war sehr froh, nach 1945 wieder in ihre Heimat kommen zu können, das Heimweh hatte sie stets begleitet. Noch dazu wurden in Innsbruck wurden gerne bösartige Witze über die italienischen „Landsleute" gerissen. „Warum legen die Südtiroler ihre Butter in die Kloschüssel? Weil sie keine Kühlschränke kennen".
Schroff und wenig zivilisiert ging es direkt nach dem Krieg aber überall zu, in der großen Not bestahlen sich sogar die „kleinen Leute" gegenseitig. Adolf hatte bei der Wehrmacht gedient, Operationsgebiet Dolomiten. Dabei war er durch Partisanenhilfe in die Hände der Amerikaner gefallen, welche diese Kriegsgefangenen nach Pisa brachten. Er war bei der SS gewesen und hatte einen SS-Ausweis.

Die Situation in den Dolomiten war sehr damals komplex, da die Grödner für Deutschland optiert hatten, die anderen Dolomitenladiner eher für Italien. Es gab Widerstand, Hinterhalte und nach dem Krieg Abrechnungen, wobei die Amerikaner 1945 Ordnungsmacht waren – die Partisanen haben mit ihnen zusammengearbeitet.

Per Brief bat er seine Mutter um Hilfe, denn angeblich konnten Gefangene, deren Angehörige bei den Offizieren um Gnade bettelten -sofern sie Zivilkleidung hatten- direkt im Lager in Pisa freikommen. Anna fuhr auf dieses Gerücht hin mit Kleidung und etwas Bargeld im Zug nach Pisa. Um Strom zu sparen fuhr man damals nachts im Dunkeln. Kaum war die erschöpfte Frau ein wenig ein genickt, versuchte jemand, ihr die Tasche zu rauben. Sie schlief aber noch nicht richtig, wurde sofort wach und schrie laut um Hilfe. Ein Zugkontrolleur machte sofort Licht und der Dieb ließ erschrocken die Tasche fallen. Anna wäre also um ein Haar ohne Papiere und Geld in Mittelitalien „gestrandet". In Pisa hatte dann jemand die Kleidung mit dem Vorwand an sich genommen, sie dem Onkel zukommen zu lassen, die verzweifelte Schwester sollte bei Dämmerung am Lagerzaun warten. Ihr Vertrauen erwies sich als leichtsinnig, denn nach dem sie bis lange nach Mitternacht allein auf dem Feld umsonst gewartet hat, wurde ihr klar, dass man sie hereingelegt hatte. Traurig und enttäuscht ging sie in das kleine Gasthaus, in dem sie übernachtete zurück und fuhr am nächsten Tag dann unverrichteter Dinge heim.

Sie siedelte also wieder zurück ins Pustertal, wo sie in verschiedenen Hotels arbeitete. Jobs, wie man heute sagen würde, gab es damals genug im Gastgewerbe.

Sie merkte, dass das Leben weiterging, die Verantwortung für ihre Familie ließ sie immer weiter machen, ihr Pflichtbewusstsein hielt sie am Leben.

Über ihre Zukunft dachte sie nicht nach, den Gedanken, ein zweites Mal eine Familie zu gründen, verdrängte sie vollständig. Überlegungen dieser Art waren für sie sozusagen tabu. Der Schmerz über den Verlust des Kindes hatte sie noch immer fest im Griff, er war übergroß und nur mit Wegschieben aus dem Kopf für sie zu bewältigen. Hatte sie dienstfrei, so wohnte sie bei der Familie in ihrer alten Kammer. So kümmerte sie sich, neben der Arbeit, mit Hingabe um ihre Geschwister, der jüngste, Hermann war erst drei Jahre alt, Flora nicht die Kräftigste, Peter, Herbert und Else Teenager. Ihrer Mutter war mit dem frühen Tod des Vaters nicht nur der Partner entzogen, sondern auch die wirtschaftliche Grundlage, eine Witwenrente gab es nicht. Tragisch

war natürlich der Umstand, dass Maria nach der Geburt ihres ersten Kindes nie wieder richtig gesund geworden war. Es hiess, sie habe unter Herz-Asthma gelitten, eine besondere Erkrankung unter den Formen des Asthmas. Aufgrund einer Blutstauung in der Lunge kommt es zu einem Asthmaanfall, dem sogenannten Herzasthmaanfall. Ursache ist die reduzierte Muskelarbeit bei der Herzschwäche, die mit Sicherheit zu dieser Zeit nie erkannt worden wäre, geschweige denn hätte behandelt werden können. Ihr wurde immer viel Wasser abgepumpt, was im Nachhinein auch für eine Nierendysfunktion spricht. Ausgeschlossen werden kann auch nicht, dass die sehr schwierige erste, und die schnelle Schwangerschaft nach dem ersten Spitalaufenthalt sie mehr geschwächt hatten, als die zugeben wollte.
Anna und vor allem ihre genau zehn Jahre jüngere Schwester Else leisteten Fürsorge und Unterstützung, wobei Else insgesamt sehr lange bei der Mutter blieb.

Diese jüngeren Geschwister lebten mit ihrer Mutter in der sogenannten "Stube" hinter der Stube, d.h. alle wohnten auf dem Hof zusammen.
Ihr jüngster Bruder Hermann, der seinen Vater gar

nicht mehr kennengelernt hatte, war ebenfalls oft weg. Man setzte ihn als Hütejunge ein, er lebte dann monatelang bei anderen Bauern und verdiente ein wenig mit. Ihn hatte der Verlust des Vaters am härtesten getroffen, er führte auch später stets ein sehr entbehrungsreiches Leben, war immer sehr arm gewesen. Hatte er einmal eine Arbeit im Tal, hielt er es dort nicht lange aus, er war für immer ein Senner und Bauernknecht, hoch oben auf den Bergen. Magengeschwüre erschwerten ihm außerdem das Leben.

Als Adolf heiratete, bekam er als ältester Sohn den Hof in Rasen, er versorgte die jüngeren Kinder dann mit. Seine Ehe war deswegen überschattet, denn diese akzeptierten die junge Bäuerin nicht vollständig. Wegen der stets angespannten finanziellen Situation verließen sie dann den Hof, um in Arbeit zu gehen.

Maria blieb bis zu ihrem ebenfalls frühen Tod 1951 in ihrem Haus. Sie starb in ihrem Schlafzimmer, während sich neben an in der Stube zwei ihrer Kinder, Hermann und Peter, befanden, die 21 jährige Else war gerade im Stall. Nun waren sie

Waisenkinder, den Jüngsten traf dieses Schicksal besonders hart. Bis heute hat er sich nicht richtig davon erholt, obwohl er kaum über die stets schweren Zeiten spricht. Peter, ein schöner Mann mit vielen Verehrerinnen, litt unter psychischen Störungen, die später schließlich zu seinem Freitod führten. Ein weiterer schwerer Schlag für Anna.
Die Familienmutter wurde neben ihrem Mann begraben, die Gräber werden natürlich weiter von der Familie sorgfältig gepflegt.

Adolf baute den Hof in den Fünfziger Jahren um. Es war bis dahin zum Teil untervermietet, die Außentoiletten (Plumpsklos) wurden von allen Bewohnern benutzt. Erst jetzt bekam das Haus endlich ein richtiges Bad. In den 2000 Jahren wurde der Hof komplett abgerissen und dann wieder aufgebaut. Noch heute ist es in Familienbesitz, Adolfs Witwe wohnt noch immer darin.

Nicht alle ihre Geschwister haben geheiratet, die meisten sind in der Zwischenzeit tot. Außer Anna leben noch Hermann und Else.

Ludwig

Anna lernte bei einem Besuch einer Tante – ähnlich wie damals bei Franz – 1947 ihren zweiten Mann Ludwig kennen. Es war eine der beiden Tanten, mit denen sie früher auf den Tanzvergnügen im Pustertal gewesen war. Sie arbeitete ihr Leben lang bei einer italienischen Familie, deren Familienoberhaupt der Bürgermeister war, damals noch „Podestà" im Sinne der Italienisierung genannt wurde, obwohl nach 1945 offiziell das ital. Wort für Bürgermeister, Sindaco, eingeführt worden war.

Obwohl das Thema Ehe für sie eigentlich „gegessen" war, verliebte sie sich in den smarten jungen Mann, den die anschließend auch häufiger durch ihre Arbeit wiedersah.
Da er ein Mitglied einer Musikkapelle war, trat er auch einmal in ihrem Dorf auf, und nahm die Gelegenheit war, Anna zu besuchen. Daraus und aus ihren Besuchen bei der Tante entwickelte sich zwischen beiden eine Freundschaft, die allmählich zu Liebe wurde.

Nach der Hochzeit 1949 betrieben sie eine Metzgerei. Sie bauten hier auf einem ererbten Grundstück aus eigener Kraft ein Haus. Allein die Tatsache, mit den wenigen Mitteln, die ihnen zu Verfügung standen, ein Nest für die Familie auf zu bauen, gilt noch heute in der Familie als große Leistung.

Mit Ludwig kehrte für Anna das Glück wieder zurück und sie führte mit ihm ein ruhiges Leben - von den Geburten der weiteres drei Kinder einmal abgesehen - frei von weiteren Aufregungen und sie konnte ihrer geschundenen Seele die Ruhe geben, die diese brauchte.

Ludwig, der ein richtiger Familienmensch und Kinderfreund war, starb viel zu früh 1991. Mit seiner Frau hatte er geschafft, eine glückliche Familie zu gründen, die noch heute stets zu einander hält. Anna stand lange Jahre noch nach seinem Tod Kindern und Enkelkindern mit Rat und Tat zur Seite, darüber ist sie sehr alt und mittlerweile auch vergesslich geworden. Franz und ihren Franzele aber hat sie nie vergessen.

Glossar

Stamperle: ein kleines Schnapsglas

Fatschenkind: fest gewickeltes Baby

Spital: Krankenhaus

Grumet: Getreideart

Höfl: kleiner Hof

Labe: Hausflur

Zirmbaum: Nadelbaum

Brennsuppe: Mehlsuppe, Speise armer Leute, vorzugsweise im Alpenraum

Patschen: Hausschuhe

Stube: Wohn - und/oder Schlafzimmer

Weitere Titel in Vorbereitung

www.wonneworte.com